DAS IST NIKI FLATTERFREUND! ER BESITZT EINE TIERHANDLUNG IN DER STADT UND IST TINAS ONKEL.
DAS IST FLATTEROX! ER IST FLUGSAURIER UND AUCH VON TINA UND ONKEL NIKI AUFGETAUT WORDEN. FLATTEROX KANN IM SPEZIAL-STURZ-FLUG IN DIE VER-GANGENHEIT SAUSEN!

CIP-Titelaufnahme der Deutschen Bibliothek
BRONTI SUPER-SAURIER/Thomas Brezina
Der Super-Kraft-Karottensaft
Illustrationen: Heidemarie Bauch und Reinhard Kiesel
Satz: »PWS« Fotosatz-Ges.m.b.H, Fohnsdorf
Lektorat: Dr. Irene Kunze
Wien - Stuttgart: Neuer Breitschopf Verlag 1991

ISBN 3-7004-0147-7

THOMAS BREZINA

BRONTI SUPER · SAURIER

DER SUPER-KRAFT-KAROTTEN-SAFT!

ILLUSTRIERT VON
HEIDEMARIE BAUCH UND REINHARD KIESEL

NEUER BREITSCHOPF VERLAG

Saurier-Abenteuer

Tina und das Schwabbel-Schwein

Das Saurier-Müsli

Bronti hat eine dicke Grübelfalte auf der grünen Saurierstirn. Nachdenklich blickt er Tina an, die beim Küchentisch sitzt und an einer Brotscheibe knabbert.

„Ach weh!“ seufzt sie zum 66. Mal an diesem Morgen.

„Tina, bist du ein Triefnasen-Schniefnasen-Schnüffel-Saurier?“ erkundigt sich Bronti.

Ganz langsam und traurig schüttelt Tina den Kopf.

„Oder hast du vielleicht graue Kummer-Gurken gefuttert?“ fragt Bronti weiter.

Wieder schüttelt Tina langsam und traurig den Kopf.

Bronti läßt nicht locker. „Oder haben dich die weinenden Jammer-Wanzen gebissen?“

„Nein“, sagt Tina und seufzt abermals sehr tief.

Nun reißt Bronti die Geduld. „Warum bist du dann so triefnasen-schniefnasen-schnüffel-traurig?“ möchte er wissen.

Tina preßt die Lippen fest aufeinander. Sie will dem kleinen Super-Saurier den Grund nicht verraten.

Sie hat aber auch keine Lust mehr auf das Frühstück. Widerwillig schiebt sie den Teller mit dem Butterbrot weit von sich.

Bronti beschließt, Tina in Ruhe zu lassen. Er schnappt seinen Saurierlöffel und schaufelt damit rosa Soße in sein großes Maul. Dabei schlürft und schmatzt er, und man kann hören, wie gut es ihm schmeckt.

„Was mampfst du denn da?“ erkundigt sich Tina.

„Saurier-Müsli!“ antwortet Bronti.

„Müsli klingt gesund. Macht das dick?“ erkundigt sich das Mädchen.

„Glaube ich nicht“, meint Bronti und hält Tina einen Löffel voll Saurier-Müsli vor den Mund.

Das Mädchen kostet und macht: „Hmmmm! Schmeckt nicht schlecht. Schmeckt sogar lecker. Was ist in dem Müsli drinnen?“

„Das ist Vanille-Pudding mit Ketchup und gehackten Essiggurken!“ zählt Bronti die Zutaten auf.

Schlagartig verändert sich Tinas Gesichtsfarbe. Sie wird zuerst bleich wie ein weißes Leintuch und dann so grün wie Erbsenmus. „Ich … ich muß hinaus an die frische Luft!" japst das Mädchen und stürzt auf den Balkon.

Schon beim Gedanken an diese Mischung wird ihr schlecht. Jetzt, wo sie gekostet hat, meint sie, in ihrem Magen spielen Seestürme Nachlaufen.

Was ist nur mit Tina los? Jeden Montag ist sie so still und bekümmert. Was ist der Grund?

Bronti fällt plötzlich etwas ein. Natürlich, das wird er machen!

Bronti wird entdeckt

Tina steht noch immer auf dem Balkon und blickt hinaus auf das Meer. Seit einigen Monaten lebt sie mit Onkel Niki, Bronti und dem Flugsaurier Flatterox im Leuchtturm Wirbelwind. Ganz oben im Turm befindet sich eine kleine Wohnung, in der sie zu Hause ist.

Tina atmet die salzige Seeluft tief ein und denkt: „Am liebsten wäre ich weit, weit fort! Auf einer einsamen Insel!“

Währenddessen schleicht Bronti zu Tinas Rucksack. Er zieht die Schulhefte und Bücher heraus und versteckt sie unter Tinas Bett. Danach springt er selbst in den Rucksack und zieht den Kopf ein.

Bronti macht sich brontobastische Sorgen um seine Freundin. Was bereitet ihr nur so mammutmäßig großen Kummer? „Ich werde mit Tina in die Schule gehen“, hat er beschlossen. „Vielleicht sitzt dort der Grund für ihre Sorgen. Ich werde es herausfinden!“

Langsam schleicht Tina in ihr Zimmer und schnappt den Rucksack. Sie wirft ihn über die Schulter und seufzt dreimal tief.

Betrübt tritt sie aus dem Leuchtturm ins Freie und marschiert in Richtung Schule. Plötzlich sagt eine Stimme neben ihr: „Guten Morgen, Tina!“ Bronti klappt seine Hörlöcher weit auf. Wem gehört diese Stimme? Wieso klingt sie so kalt und scharf?

„Ha … ha … hallo, Bibi“, hört er seine Freundin stottern.

„Bibi? Wer ist Bibi?“ überlegt er. Und da er es unbedingt wissen möchte, streckt er vorsichtig den Kopf aus dem Rucksack.

An Tinas Seite steht ein Mädchen, das ungefähr so alt wie sein Frauchen sein muß. Das Mädchen besitzt einen kohlrabenschwarzen Wuschelkopf und ist ziemlich dürr.

Plötzlich aber dreht es den Kopf in Richtung Rucksack. Bronti hat keine Zeit mehr unterzutauchen, und deshalb verharrt er stocksteif.

„He, was ist denn das für ein süßes Tierchen?“

kreischt das Wuschelkopf-Mädchen und will nach Bronti greifen.

Tina läßt den Rucksack schnell von der Schulter rutschen und schnappt entsetzt nach Luft. Nun ist es geschehen! Bibi hat ihr größtes Geheimnis entdeckt. Dabei darf doch niemand von Bronti erfahren. Schon einmal ist der kleine Saurier von einem verrückten Professor namens Karacho gejagt und beinahe gefangen worden.

„Was ist denn das für ein putziges Monster?" fragt Bibi abermals.

Tina fällt keine bessere Ausrede ein und deshalb stottert sie: „Äh … das … das ist ein Stofftier."

Bibi glaubt ihr kein Wort. Sie streckt die Hand nach dem kleinen Saurier aus und tut so, als wollte sie ihn streicheln. In Wirklichkeit zwickt sie ihn aber fest in die Schnauze.

„AUA! AUTSCH!" schreit Bronti vor Schmerz auf.

Bibi grinst über das ganze Gesicht. „Habe ich es mir doch gedacht! Du bist eine Lügnerin, Tina. Das ist kein Stofftier, sondern ein lebendiges Tier!"

Tina ist völlig verzweifelt. „Das … das geht … dich nichts an!“ zischt sie und läuft mit großen Schritten zum Leuchtturm zurück.

„Du brontobastischer Blödkopf-Saurier!“ pfaucht sie Bronti an. „Wieso versteckst du dich in meinem Rucksack?“

Das Mädchen wartet die Antwort gar nicht ab, sondern befördert den Saurier mit einem Tritt in den Leuchtturm. „Wehe, du tust das noch einmal!“ schreit es und läuft dann zur Schule.

Aus Brontis großen Augen rollen zwei dicke Tränen. Er wollte seiner Freundin nur helfen, und sie ist so böse zu ihm.

Was ist nur in Tina gefahren?

Das Nilpferd-Baby

In der ersten Schulstunde hat Tina Rechnen. In der zweiten Stunde wird gezeichnet und gebastelt. Und danach kommt die Stunde, vor der sich Tina schrecklich fürchtet. Nur diese Schulstunde ist der Grund für ihre Triefnasen-Schniefnasen-Schnüffel-Traurigkeit.

Auf dem Stundenplan steht SPORT.

Langsam wie eine Schnecke zieht sich Tina ihre Turnhose und das Turnleibchen an. Und noch viel langsamer schleicht sie in den Turnsaal, wo die anderen bereits herumtoben.

Kaum ist sie durch die Tür, schreit Bibi auch schon: „He, schaut nur! Da kommt das Nilpferd-Baby! Na, du Knackwurst-Lady?“ spottet Bibi weiter. „Was wirst du denn heute in der Turnstunde machen? Rollst du auf deinem fetten Kugelbauch durch den Turnsaal?“ Tina blickt wütend zu Boden und starrt auf ihr kleines Bäuchlein.

„Rollmops! Rollmops! Rollmops!“ schreit Bibi. „Laß mich in Ruhe“, bettelt das Mädchen. Aber Bibi denkt nicht daran.

„Fett-Schwabbi! Fett-Schwabbi!“ kreischt sie.

„Fett-Schwabbi! Fett-Schwabbi!“ schreien nun auch die anderen Kinder. Sie haben einen Kreis um Tina gebildet und zeigen alle mit dem Finger auf sie.

„Euch werde ich es zeigen!“ schnaubt das Mädchen und versucht eines der Kinder zu erwischen. Doch alle weichen schnell und geschickt aus, und Tina greift immer in die Luft.

„Kriegst uns nicht! Schwergewicht!“ brüllen die Klassenkameraden.

Schnaufend gibt Tina die Verfolgung auf. Ihr ist wieder einmal die Luft ausgegangen. Sie keucht und ächzt und läßt sich verzweifelt auf den Boden sinken.

„Ihr seid alle dürre Pflanzen“, schreit sie wütend. „Und ihr stinkt wie wilde Wanzen!“ Tina hat vor Wut Tränen in den Augen.

Nun reicht es ihr aber. Das Mädchen hat einen Plan gefaßt.

Die Wette

Tina steht auf und geht langsam und drohend auf Bibi zu. Diese steht mit verschränkten Armen gegen die Sprossenwand gelehnt und grinst.

„Ich kann schneller laufen als du!" sagt Tina plötzlich. Bibi bekommt einen Lachkrampf. „Du schlappes Schwabbel-Schwein willst schneller laufen als ich?" gröhlt das Mädchen höhnisch.

„Ja, ich wette, daß ich schneller bin als du!" verkündet Tina. Sie streckt Bibi die Hand entgegen, und das Mädchen schlägt ein. „Top, die Wette gilt!"

„Und wenn du verlierst, dann darfst du mich nicht mehr verspotten", sagt Tina. „Nie wieder, kapiert?"

Bibi zieht ihre buschigen, schwarzen Augenbrauen in die Höhe und meint: „Einverstanden. Aber wenn du verlierst, dann mußt du mir dein grünes Tier geben!"

Tina zuckt vor Schreck zusammen. „Bro ... äh ... das Stofftier? Nein, das geht nicht!" stößt sie entsetzt hervor.

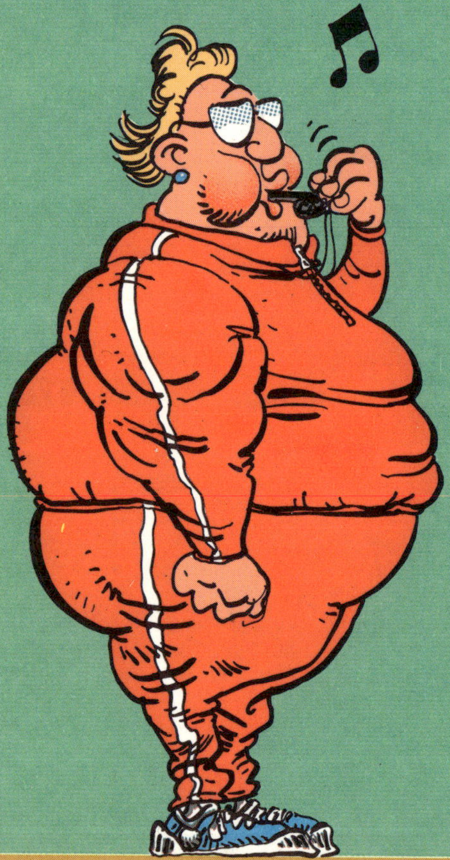

„Bekommst du schon das große Schlottern, Bibber-Bauch?“ fragt Bibi.

Tina bringt vor lauter Aufregung kein Wort heraus.

„Bibber-Bauch! Bibber-Bauch!“ spottet Bibi sofort los.

„Bibber-Bauch! Bibber-Bauch!“ johlen alle anderen Jungen und Mädchen der Klasse.

Tina schnappt nach Luft und schreit: „Ich bin kein Bibber-Bauch! Die Wette gilt. Wenn ich als zweite ins Ziel komme, erhält Bibi mein grünes Stofftier!“

Schon in der nächsten Sekunde bereut Tina ihre Worte. Ihr Gesicht wird aus Angst käseweiß.

„Der Wettlauf findet in zwei Wochen auf der Hummelwiese statt“, verkündet Bibi allen anderen Kindern.

Frau Muskelschmalz, die Turnlehrerin, eilt in den Turnsaal und bläst in ihre Trillerpfeife, und ein schriller Pfiff ertönt. „Wir gehen nun hinaus und werden ein wenig laufen“, verkündet sie.

Auf dem Sportplatz stellt sich Bibi dann natürlich genau neben ihre Gegnerin und zischt ihr zu: „Du bist ein lahmes Lama mit Hühneraugen!“

„Auf die Plätze … fertig … los!“ kommandiert die Sportlehrerin und klatscht in die Hände.

Alle Schüler stürmen los. Tina rennt so schnell wie nie zuvor. Doch schon nach wenigen Minuten ist sie völlig außer Atem. Sie keucht und schnauft und wird langsamer und langsamer.

Bibi düst wie eine Rakete davon und ist wie immer als erste im Ziel.

Als Tina schließlich als letzte nachstolpert, kichert das Mädchen: „Na, du alte Dampflokomotive? Willst du dich nicht gleich verschrotten lassen? Du gehörst nämlich auf die Müllhalde!“

Tina sagt kein Wort. Sie senkt nur den Kopf, damit keiner sieht, daß sie weint.

Ein Unglück kommt selten allein

Dicke, runde Tränen kullern aus Tinas Augen und klatschen auf den Boden.

Bronti wischt sie mit einem großen Putzlappen sofort auf.

„Tina, hör doch bitte auf zu weinen“, bettelt er. „Ich habe das Tuch schon zweimal auswinden müssen.“

„BUHUUUU!“ heult Tina weiter.

Bronti blickt sie bekümmert an. „Wenn die Tränen auf dem Teppich Flecken machen, wird Onkel Niki sicher böse. Bestimmt sagt er dann, ich soll mir die Pfoten besser abputzen. Und schon bin ICH wieder einmal schuld.“

„BUHUHUUUU!“ schluchzt Tina nur.

Bronti muß ein paarmal kräftig schlucken. Er spürt plötzlich auch so ein merkwürdiges Kratzen im Hals. Auf einmal sieht er alles verschwommen. „Wenn du nicht aufhörst, muß ich auch bald weinen“, stößt er verzweifelt hervor. „Was ist eigentlich los? Erzähl doch einmal.“

Tina schaut Bronti mit ihren geröteten Augen an und sagt leise: „Bald … sehr bald wirst du nicht mehr hier bei mir sein!“

Der kleine Saurier erschrickt, als hätte jemand 20 Knallfrösche neben ihm platzen lassen. „Wieso? Magst du mich nicht mehr?“

Tina streichelt über seine runde, grüne Schnauze und sagt: „Natürlich mag ich dich. Und wie!“ Dann berichtet sie von der Turnstunde, von Bibi und der Wette.

Zum Schluß meint das Mädchen mutlos: „Ich werde ganz, ganz, ganz sicher nicht gewinnen. Es ist aussichtslos. Ich habe schon verloren!“

„JAUUUL! SCHLUUUCHZ! BUHUUUU!“ Nun heult auch Bronti los. Er legt den Kopf mit dem rosa Grübelkamm nach hinten und jault und heult wie 33 hungrige Wölfe.

„Ich will nicht fort! Ich will bei dir bleiben!“ wimmert er.

Tina nimmt den zitternden kleinen Super-Saurier in die Arme und drückt ihn ganz fest an sich. Doch Bronti stößt sie weg.

„Was … was ist denn?“ fragt Tina erschrocken.

„Onkel Niki!“ stößt Bronti hervor. „Onkel Niki wird dir sicher helfen. Komm, wir sausen sofort zu ihm!“

Tina schüttelt traurig den Kopf. „Das geht doch nicht. Onkel Niki ist für zwei Wochen verreist. Er ist bei seiner alten Tante Olga, die sich das Bein gebrochen hat. Er kommt erst einen Tag nach dem Wettlauf zurück!“

Was jetzt?

Wo gibt es Superkraft-Karotten?

Was nun?

Es ist Abend, und Tina und Bronti sitzen in der Küche.

Der kleine Saurier hält in einer Pfote einen Nussi-Riegel und in der anderen einen Fruchti-Riegel. Abwechselnd beißt er von den leckeren Biskuitköstlichkeiten ab. Er kann sich noch nicht entscheiden, ob ihm Nussi mit der Nußfülle oder Fruchti mit der Erdbeercreme besser schmeckt. „Koste mal“, bietet er Tina seine neue Lieblingsspeise an. „Ist auch bestimmt kein Ketchup drinnen.“ Tina mag aber nichts essen.

„Ich werde mich im Schrank einsperren“, beschließt Tina. „Wenn ich nicht da bin, kann ich auch nicht am Wettlauf teilnehmen und verlieren.“

„Mammut-Quatsch!“ lautet Brontis Meinung dazu.

„Dann werde ich mir lauter rote Punkte ins Gesicht malen, und alle denken, ich wäre krank!“ lautet Tinas nächste Idee.

„Das ist monsterhafter Mammut-Quatsch!“ Brontis Grübelkamm wackelt und wabbelt. Blaue Punkte werden sichtbar. Sie blinken und strahlen, und mit einem Schlag weiß der Saurier einen Rat. „Du mußt Super-Kraft-Karotten-Saft trinken!“

Tina verzieht den Mund. „Von Super-Kraft-Karotten-Saft habe ich noch nie gehört.“

„Mein Onkel Goro Geistesblitz hat die Super-Kraft-Karotten entdeckt und Saft daraus gemacht. Wer diesen Saft trinkt, wird stärker als ein Muskelprotz-Saurier und schneller als ein Flitzezahn-Saurier!“

Tina ist begeistert. „Bronti, wo wachsen die Super-Kraft-Karotten?“ will sie wissen.

„Am Rand des Gelben Blubbermeeres“, erklärt ihr der Saurier. Doch dieses Meer kennt Tina nicht. Sie findet es auch nicht auf der Landkarte.

Aber Bronti hat an diesem Abend eine Idee nach der anderen. „Wir setzen uns auf den Rücken von Flatterox und fliegen mit ihm so lange herum, bis wir am Gelben Blubbermeer angekommen sind.“

Der Bruchlandungs-Saurier

Der Flugsaurier hat große Ähnlichkeit mit einer Monster-Fledermaus. Meistens hängt er in der Turmhalle – mit dem Kopf nach unten – an einem starken Balken und schläft. So auch heute. Bronti packt die Kopfzacke von Flatterox und rüttelt ihn fest. „Aufwachen, du alter Bruchlandungs-Schnarch-Saurier“, schreit er in sein rechtes Hörloch. „Du darfst Tina und mich auf deinem Rücken tragen. Was sagst du dazu?“

Flatterox öffnet ein Auge und krächzt böse: „NEIN!“ Tina klopft Flatterox liebevoll auf den faltigen Hals und versucht ihn zu beruhigen: „Du bist kein Bruchlandungs-Saurier!“

Bronti will seine frechen Worte wieder gutmachen und plappert: „Nein, du bist höchstens ein jämmerlicher, flügellahmer Absturz-Saurier!“

Wütend schließt Flatterox die Augen und knurrt: „Verschwindet und laßt mich weiterschnarchen.“

Tina kitzelt ihn unter den Flügeln, weil Flatterox

das besonders mag und bettelt: „Bitte, sei nicht sauer. Wir brauchen deine Hilfe."

Doch der Flugsaurier schmollt. „Ein jämmerlicher, flügellahmer Absturz-Saurier schafft es nicht, euch zu helfen", krächzt er beleidigt. „Und jetzt raus!"

Tina beugt sich zu ihrem kleinen, grünen Saurierfreund und zischt wütend: „Kannst du nicht manchmal dein großes Maul halten?"

Bronti ist verzweifelt. In der Aufregung hat er nur brontobastischen Unsinn geredet. Nun packt er seine lange Schnauze mit beiden Pfoten und hält sie fest zu.

„Was … was machen wir jetzt?" will Tina wissen.

„UMPF … ÄMPF … BLUMPF … PAMPF!" stößt der Saurier hervor. Mit zugehaltenem Maul kann er nicht anders sprechen.

„Du … du hast nichts als Knallfrösche im Kopf!" pfaucht Tina ihn an.

Plötzlich schießt ein schrecklicher Gedanke durch ihren Kopf: „Was wird Bibi dann mit Bronti eigentlich machen?"

Brunhilde Peitschenknall

Am Rande der Stadt steht ein großes, graues Zirkuszelt. Es ist alt und schäbig und sieht häßlich aus.

Das Zelt gehört zum Zirkus Zunder, in den niemand gehen möchte. In diesem Zirkus gibt es nämlich nichts zu lachen. Wer das graue Zelt betritt, der wird triefnasen-traurig.

Auch zwischen den Zirkuswagen und den Käfigen herrscht schreckliche Stille. Die Tiger, die Affen, die Elefanten und die Bären hocken in ihren Gehegen und starren mit trüben Augen vor sich hin.

Da knallt eine Peitsche, und gelbe Stiefel stapfen durch die Wiese. Sofort ducken sich die Tiere und machen sich so klein wie möglich. Am liebsten würden sie sich nun in einem Mauseloch verkriechen.

ZISCH-KNALL! ZISCH-KNALL! Wieder knallt die Peitsche.

Eine dürre, lange Frau schleicht wie ein Panther von Käfig zu Käfig. Sie trägt einen hohen, knallgelben Zylinder, einen zerschlissenen Frack und Reithosen. Es ist niemand anderer als die Direktorin des Zirkus Zunder: Brunhilde Peitschenknall.

ZISCH-KNALL! „Ihr faules Pack“, tobt sie. „Der Zirkus Zunder macht bald Pleite. Die Zirkus-Kassa ist leer, und daran seid nur ihr schuld.

ZISCH-KNALL! „Bis wir wieder Geld haben, gibt es für euch nichts anderes als Schläge!“ brüllt Brunhilde Peitschenknall und lacht. Aber ihr Lachen klingt nicht lustig. Es hört sich eher wie das Keuchen eines Höllenhundes an.

„Hallo“, flötet eine Stimme.

Frau Peitschenknall wirbelt herum und will schon auf das Mädchen einschlagen, das hinter ihr aufgetaucht ist. Doch dann läßt sie die Peitsche sinken und knurrt: „Hallo, Nichte Bibi. Was führt dich zu mir?“

Bibi grinst über das ganze Gesicht. „Tante Brunhilde, möchtest du, daß alle Leute in deinen Zirkus rennen?“

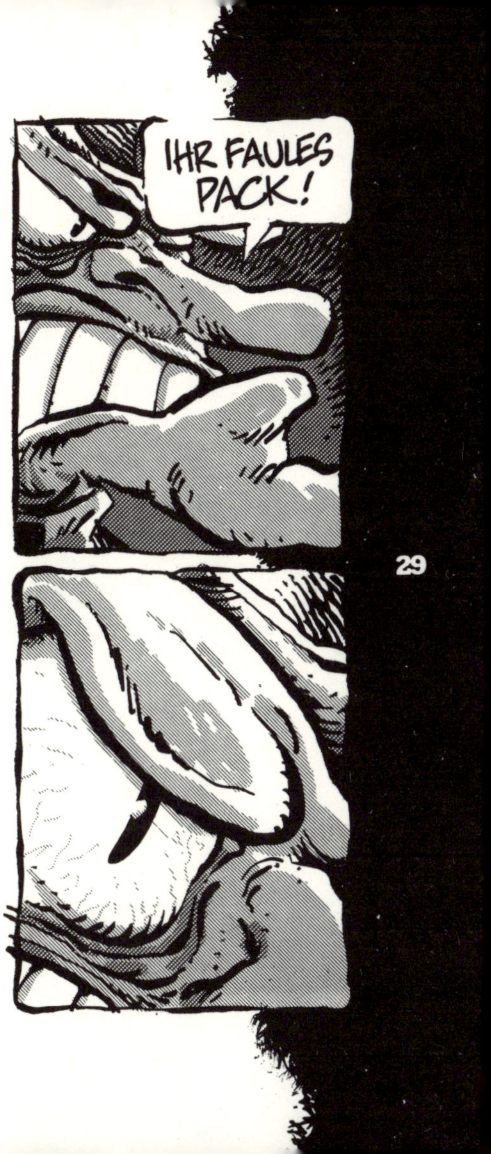

„Ja!“ ruft Frau Peitschenknall.

„Willst du, daß sich alle um die Eintrittskarten prügeln?“ fragt Bibi hinterlistig.

„Jaaa!“ schreit die Zirkusdirektorin.

„Möchtest du mit deinem Zirkus weltberühmt werden und Berge von Geld verdienen?“

„Jaaaaaaa! Natürlich!“ kreischt Brunhilde Peitschenknall entzückt.

„Dann brauchst du einen echten Saurier!“ sagt Bibi.

Ein schrecklicher Plan

ZISCH-KNALL! „Saurier gibt es nicht. Falls du dir einen Scherz mit mir erlaubst, wirst du gleich meine Peitsche spüren!“ tobt die wilde, wütende Frau.

„In spätestens zwei Wochen habe ich einen Saurier. Und gegen 10.000 Scheinchen gehört er dir!“ wispert Bibi ihrer Tante ins Ohr.

Unter dem hohen Zylinder von Brunhilde Peitschenknall sausen und zucken die Gedanken durch ihren Kopf. „So viel Geld habe ich nicht“, überlegt sie hastig. „Außerdem werde ich dieser dämlichen Kicher-Kuh Bibi bestimmt nicht so einen hohen Betrag geben!“

Weil Frau Peitschenknall zögert, meint Bibi drohend: „Tante Brunhilde, ich kann den Saurier natürlich auch an einen anderen Zirkus verkaufen!“

„Nein, nein, nein, nein, nein!“ ruft die Direktorin. Sie spitzt die Lippen und versucht zu lächeln. Es gelingt ihr nicht sehr gut. Sie sieht aus, als hätte ihr

jemand einen Lollipop aus Bittersalz in den Mund gesteckt.

„Bibilili“, flötet Brunhilde, „natürlich werde ich das Tierchen kaufen. Es ist eine Sensation! Aber wieso kriege ich es erst in zwei Wochen?“

„Weil es jetzt noch bei meiner Schulkollegin Tina im Leuchtturm Wirbelwind ist“, plappert Bibi, ohne nachzudenken, was sie sagt.

„Ach so!“ säuselt Frau Peitschenknall. „Ich erwarte dich dann also in zwei Wochen mit dem Saurier! Und nun verzieh dich.“

Bibi saust wieder davon.

Die Zirkusdirektorin blickt ihr böse grinsend nach. „Das Kind ist dümmer als ein Kamel, das auf den Kopf gefallen ist“, denkt sie zufrieden. „Jetzt weiß ich, wo der Saurier zu finden ist. Und ich werde ihn mir holen. Gratis natürlich!“

Rund um die Welt

In dieser Nacht schläft Tina sehr schlecht. Auch Bronti findet keine Ruhe. Er liegt in einem Spaghettitopf neben Tinas Bett und zittert wie ein Wackelpudding. „Ich will nicht fort! Ich will hierbleiben!" murmelt er ununterbrochen im Schlaf.

„Bronti …, wach auf. Du bist bei mir!" sagte Tina leise und streichelt den verzweifelten Saurier zärtlich. „Du bist *noch* bei mir", fügt sie flüsternd hinzu.

Verschlafen blinzelt Bronti seine Freundin an. Er hüpft in ihr Bett und kuschelt sich unter die Decke. Fest drückt er sich an Tina und zwickt sie ein wenig ins Bein. Das bedeutet: Ich habe dich sehr lieb!

„Bronti!" ruft Tina plötzlich, und ihre Stimme klingt sehr aufgeregt. Sie zieht den Saurier unter der Bettdecke hervor und setzt ihn auf ihren Bauch. „Wir dürfen nicht die Köpfe hängenlassen!"

„Richtig", stimmt Bronti zu. „Wir sind schließlich keine Schlapp-Hals-Saurier. Die hatten einen Hals,

der so weich und schlaff wie ein uraltes Pommes frites war. Deshalb haben sie immer den Kopf hängenlassen."

„Bronti, wir brauchen Flatterox nicht. Wir werden selbst laufen!" sagt Tina. „Mit unseren eigenen Beinen, von Land zu Land. Und wir werden suchen, suchen, suchen und suchen, bis wir die Super-Kraft-Karotten gefunden haben! Das ist die Lösung!"

Mit einem zufriedenen Lächeln schlafen die beiden Freunde ein. Nun haben sie viel weniger Angst und Sorge. Gleich am nächsten Morgen wollen sie aufbrechen. Doch schon im Traum erleben sie ihre Wanderung rund um die Welt …

In Schottland trieb ich Schabernäck,
und spielte auf dem Dudelsäck!
Doch Super-Kraft-Karotten
kennt kein Mäc!

Wir waren schon in Afrika
und in der Wüste Sahara.
Doch Super-Kraft-Karotten
sind nicht da!

In Rio und in Mexiko
biß mich der Sombrero-Floh!
Doch Super-Kraft-Karotten
gibt es nirgendwo!

Wir fragten auch den großen Wal:
„Mampfst du vielleicht zum Mittagsmahl,
die Super-Kraft-Karotten?"

Der Pinguin am Südpol spricht:
„Was willst du denn, du Rundgesicht?"
„Die Super-Kraft-Karotten!"
„Kenn ich nicht!"

In Spanien war's auch sehr schön,
ich kann mich im Flamenco dreh'n!
Doch Super-Kraft-Karotten … nie geseh'n!

Aloa!
In Hawaii, da trink ich Kokosmilch,
nur Super-Kraft-Karotten kennt kein Knilch!

Mich wollt ihr essen?
Das könnt ihr schnell vergessen!
Doch sind bei euch im Japan-Land
Super-Kraft-Karotten bekannt?

Die Super-Kraft-Karotten,
die wachsen weder nah noch fern,
wahrscheinlich sprießt das Grünzeug nur
auf einem fernen Stern.

Im Stall von Brunhilde Peitschenknall

Die ratlose Sturmschwalbe

Die ersten Sonnenstrahlen fallen durch das Fenster und wecken Tina und Bronti. Die beiden Freunde schlagen die Augen auf, blicken einander an und seufzen tief. Beide haben den gleichen Traum gehabt und nun allen Mut verloren.

Später sitzen sie in der Küche und starren in ihre Frühstückstassen. Sie haben weder Hunger noch Durst.

TSCHIRIPPPP! TSCHIRIPPP! Eine Sturm-Schwalbe segelt vor dem Leuchtturm auf und ab. Jedes Jahr fliegt sie einmal rund um den Erdball, von Pol zu Pol.

TSCHIRIPPP! Das heißt in der Schwalben-Sprache: „Tagchen, Leute! Wollte nur kurz bei euch vorbeischauen!“

Wieder einmal blitzen und blinken blaue Punkte auf Brontis Grübelkamm. Ihm ist ein guter Gedanke gekommen. Er läuft zum Leuchtturm-Fenster, reißt

es auf und ruft: „Hallo, Schwalbe! Sag, hast du schon einmal irgendwo Super-Kraft-Karotten gesehen?“

TSCHILP-TSCHALP-TSCHULP-PLUTZ? zwitschert es aus Brontis Maul. Der Tiersprachen-Übersetzungs-Computer in seinem hohlen Backenzahn hat die Worte in die Schwalben-Sprache übersetzt. Gespannt blickt der kleine Saurier auf die Schwalbe. Sie zischt zu ihm herunter und landet auf seiner Nase.

„TSCHALAP! TSCHUN!“ pfeift sie.

„Was … was hat sie dir gezwitschert?“ will Tina wissen.

„Die Sturm-Schwalbe kennt die Super-Kraft-Karotten auch nicht!“ ruft Bronti verzweifelt. „Wo finden wir dieses gruselhaft-gräßliche Gemüse nur? Wer hat Super-Kraft-Karotten?“ schreit er in den Wind hinaus. Natürlich bekommt er keine Antwort.

Doch hinter einem knorrigen, alten Baum neben dem Leuchtturm reibt sich jemand die Hände. Es sind dürre Hände mit langen, knochigen Fingern.

Es kommt ganz anders …

Tina mag an diesem Tag kein Frühstück. Sie stopft hastig Bücher und Hefte in ihren Rucksack und will sich auf den Weg in die Schule machen.

Doch plötzlich hört sie eine hohe Stimme vor dem Leuchtturm. „Gemüse! Allerfeinstes Gemüse!“ preist eine Marktfrau ihre Ware an. „Lange Gurken, krumme Bananen, tolle Tomaten und Super-Kraft-Karotten hätte ich da!“

„Ich glaube, mich zwickt der Stumpfzahn-Saurier! Tina, hast du das gehört?“ jubelt Bronti.

„Ich habe ja keine Kastanien in den Ohren“, brummt das Mädchen.

Der kleine Saurier ist außer sich: „Die Super-Kraft-Karotten wachsen ganz in der Nähe, und wir haben es nicht gewußt. Los, komm, du mußt sofort welche kaufen.“

Wie der Blitz sausen Tina und Bronti über die enge Wendeltreppe nach unten. Der kleine Saurier

versteckt sich hinter der Eingangstür, und Tina stürzt nach draußen.

Vor dem Leuchtturm steht ein großer, bunter Kastenwagen, neben dem eine dicke Marktfrau auf und ab marschiert.

„Ich hätte gerne alle Super-Kraft-Karotten, die sie haben!“ ruft ihr Tina zu. Die Marktfrau verzieht das Gesicht zu einem zuckersüßen Lächeln und sagt mit ihrer Sirenen-Stimme: „Gerne, Mädchen! Das macht 3.000 kleine, grüne Scheinchen!“

Tina schüttelt überrascht den Kopf. „Drei … dreitausend grüne Scheinchen? Soviel Geld besitze ich nicht. Ich habe nur diese Münze!“

Die Marktfrau nimmt sie ihr aus der Hand und beißt kräftig hinein. Sie prüft, ob die Münze überhaupt echt ist.

„Dafür kriegst du nur eine einzige Super-Kraft-Karotte!“ verkündet sie schließlich. „Willst du eine blaue, eine grüne, eine rote oder eine blau-grün-rot getupfte?“

Tina ist völlig verwirrt. „Äh … das ist schwierig … Moment …“, stottert sie. Und weil sie keine Ahnung hat, welche sie nehmen soll, saust sie in den Leuchtturm zurück.

Hinter der Tür kauert Bronti und blinzelt durch das Schlüsselloch nach draußen.

„Du, sind die echten Super-Kraft-Karotten blau, grün, rot oder blau-grün-rot getupft?“

Der Saurier runzelt nachdenklich die grüne Stirn und murmelt dann: „Ich weiß es nicht … Ich kann mich nur erinnern, daß sie wie karierte Kicher-Kirschen riechen.“

Seine Freundin läßt sich mit einem lauten Seufzer auf den Boden fallen. „Karierte Kicher-Kirschen? Was soll das wieder sein? Ich kenne keine Kicher-Kirschen!“

Bronti ist auch klar, warum. „Kicher-Kirschen sind nur in der Saurierzeit gewachsen.“

„Bronti, ich habe Geld für eine einzige Super-Kraft-Karotte. Aber wie soll ich die echte Super-Kraft-Karotte herausfinden?“ ruft Tina verzweifelt.

„Was ist denn? Willst du keine Super-Kraft-Karotte haben?“ kreischt die Marktfrau draußen. „Na gut, dann fahre ich weiter!“

„Halt, nein, nicht!“ schreit Tina. Erschrocken bemerkt sie, daß sich Bronti zwischen ihren Beinen durchdrängt und hinausläuft. „Laß mich das machen!“ flüstert er seiner Freundin zu.

Tina hält ihn zurück. „Nein, die Marktfrau darf dich nicht sehen. Bleib da!“

„Keine Bange, Tina“, beruhigt sie ihr grüner Freund.

Oh Schreck!

Der Saurier tappt mutig ins Freie und saust auf den großen, bunten Kastenwagen zu. „T ... T ... Tag", stößt er heiser hervor.

Die Marktfrau schlägt entsetzt die Hände vor das Gesicht und quietscht: „Was bist denn du?"

„Ich bin ein Riesen-Papagei!" krächzt Bronti mit verstellter Stimme.

„Und wo sind deine Federn?" will die Marktfrau wissen.

Auch auf diese Frage weiß Bronti eine Antwort: „Ich bin ein echter Bronti-Gei, und ein echter Bronti-Gei hat keine Federn. Und nun will ich eine Super-Kraft-Karotte haben!"

„Aber gerne, such dir eine aus", flötet die Gemüseverkäuferin und öffnet die Tür des Kastenwagens.

„Darf ich sie abschnuppern?" fragt der Saurier.

Die Marktfrau nickt heftig. „Natürlich! Tu nur! Mach nur!"

46

Bronti tappt in den dunklen Wagen hinein und blickt sich suchend um. Viel zu spät bemerkt er, daß er in eine Falle gelaufen ist. Der Wagen ist leer!

Mit Schwung schleudert die Gemüsefrau die Wagentür zu.

KLIRR-KRACH-SCHEPPER! Mit einem lauten Knall fällt sie ins Schloß, und die hinterlistige Frau dreht mit ihren dürren Fingern dreimal den Schlüssel um.

Bronti erschrickt, und seine Schnauze wird schneeweiß. Mit beiden Pfoten trommelt er gegen die Wände des Kastenwagens. Da geschieht es: die Wände fallen herunter. Sie sind nur aus Pappkarton. In Wirklichkeit sitzt der kleine Saurier in einem Käfig auf Rollen.

Die Marktfrau reißt sich das Kopftuch herunter und schlüpft aus dem zerlumpten Kleid. Darunter kommt niemand anderer als Brunhilde Peitschenknall zum Vorschein.

Sie wirft den Kopf nach hinten und lacht. Wie das Wiehern eines wildgewordenen Pferdes klingt ihr Lachen.

„Nun gehörst du mir, Saurier! Schon morgen wirst du im Zirkus Zunder auftreten und meine Kassa klingeln lassen!“ zischt sie Bronti zu.

„Nein, ich werde nicht im Zirkus auftreten!“ protestiert der Super-Saurier und rüttelt an den Gitterstäben.

Brunhildes Augen funkeln drohend und böse. „Das wirst du schon. Sonst schließt du gleich einmal Bekanntschaft mit meiner Peitsche!“

Frau Peitschenknall gibt dem grauen Pony, das vor den Wagen gespannt ist, einen Tritt. Entsetzt jault das Tier auf und setzt sich dann langsam in Bewegung.

Tinas Knie sind so weich wie Butter geworden. Zitternd steht sie hinter der Tür und späht nach draußen. Was soll sie jetzt tun?

„Ich … ich werde der verrückten Frau nachschleichen und Bronti befreien“, beschließt das Mädchen und läuft los. Tina muß vorsichtig sein, sonst sperrt sie Frau Peitschenknall auch noch ein.

Jubel-didubel-juhu!

Kaum ist Frau Peitschenknall im Zirkus angelangt, packt sie Bronti und zerrt den Saurier in eine windschiefe Holzhütte. Danach eilt sie in ihren Wohnwagen, um die Peitsche zu holen.

Tina huscht sofort zu Brontis Stall und rüttelt an der Tür. Zu ihrer großen Überraschung springt sie sofort auf. Frau Peitschenknall hat vergessen abzuschließen!

„Los, Bronti, komm heraus!“ ruft Tina.

„Ich kann nicht, Tina!“ japst ihr Saurier-Freund. „Dieser wilde Peitschenknall-Saurier hat mich angekettet!“

„Oh nein! Warte, vielleicht kann ich die Kette lösen.“ Tina läuft in den Stall zu Bronti und versucht, ihm das dicke Metallband abzunehmen, das die Zirkusdirektorin um seinen grünen Hals gelegt hat.

„Aua … autsch! Willst du mir den Kopf abreißen?“ jammert der Super-Saurier.

Tina läßt verzagt die Arme sinken. „Bronti, ich kriege das Halsband nicht auf. Jetzt ist alles aus! Alles aus und vorbei! Hier kommst du nie mehr wieder heraus!"

Eigentlich hätte der Saurier jetzt in Tränen ausbrechen müssen, aber er tut es nicht. Er streckt den Kopf hoch in die Luft und ruft laut: „JUBEL-DIDUBEL-JUHU!"

Tina blickt ihn erstaunt an. „Spinnst du? Oder hast du Läuse im Kopf?" erkundigt sie sich.

„Aber nein!" kichert Bronti. „JUBEL-DIDUBEL-JUHU ist ein Super-Saurier-Mutmach-Wort! Du mußt es nur oft und laut rufen, dann wirkt es."

Tina glaubt das natürlich nicht, doch sie versucht es trotzdem. „Jub … dub … äh …, wie heißt das?"

„JUBEL-DIDUBEL-JUHU!" erklärt Bronti. „JUBEL-DIDUBEL-JUHU!" jubelt er los. „JUBEL-DIDUBEL-JUHU! Ich werde es schaffen! Ich bin der Größte, der Beste und Schönste! JUBEL-DIDUBEL-JUHU!"

„JUBEL-DIDUBEL-JUHU!" stimmt Tina ein. „Wir kommen aus dem Stall heraus!"

„Spürst du schon, wie du mutig wirst?“ fragt Bronti. Tina nickt. „JUBEL-DIDUBEL-JUHU wirkt Wunder, es ist kein fauler Plunder!“

Tatsächlich bekommt Tina plötzlich große Kraft. Ihre Grübelzellen rattern und klicken, und sie denkt so angestrengt wie noch nie nach. Tapfer und mutig wie ein Säbelzahn-Tiger kommt sich Tina schon vor.

„JUBEL-DIDUBEL-JUHU!“ jodeln Bronti und seine Freundin.

ZA-PENG! knallt es hinter ihnen. Die Tür des Stalles ist zugeworfen worden. Ein Schloß klickt, und ein Schlüssel wird gedreht.

Nun sitzt ihr beide in der Falle!“ wiehert Frau Peitschenknall draußen. „Aus diesem Stall gibt es kein Entkommen!“

„JUBEL-DIDUBEL-OH-WEH!“ stöhnt Tina auf.

Tschiko

Eine Weile hocken Bronti und Tina schweigend im Stroh des Stalles und zittern nur.

„I … i … ich fühle mich, als hätte ich einen ganzen Strauch Bibber-Beeren gefuttert“, stottert Bronti. „Und mein ganzer Jubel-didubel-Mut ist futsch! Weg!“

Zaghaft fragt Tina: „Bronti, was wird jetzt aus uns werden?“

„Naja, ich werde im Zirkus auftreten, und du wirst wahrscheinlich Popcorn verkaufen müssen“, murmelt der Saurier.

POCH-POCH-POCH! Jemand klopft von außen gegen die Stallwand.

„Draußenbleiben!“ ruft Bronti wütend.

„HUHA! HUHA! Ihr da drinnen! Ihr da drinnen!“ meldet sich eine freundliche Stimme.

Bronti horcht auf. Ist das nicht ein Affe?

„Ich bin es! Tschiko, der Schimpanse! HUHA!

HUHA! Ich möchte euch helfen", ruft der Jemand durch ein Astloch in der Bretterwand.

Bronti wird ganz aufgeregt. „Hast du den Schlüssel, mit dem man mein Eisenhalsband aufschließen kann?" will er wissen.

„Nein, den hat die Peitschenknall. Aber ich habe eine Idee, wie du ihn kriegen kannst", antwortet Tschiko. Bronti preßt sein Ohrloch gegen das Astloch, und Tschiko wispert ihm den Plan zu. Der Saurier ist begeistert. Hastig erklärt er Tina, was sie nun tun muß.

Danach beginnt der kleine Saurier jämmerlich zu wimmern. „JUUUUL-JAUL! WÜRG! ÄCHZ!" stößt er hervor. Als nichts geschieht, stöhnt er noch lauter und jämmerlicher.

Nun klappt es. Mit großen Schritten kommt Brunhilde Peitschenknall gelaufen und erkundigt sich barsch: „Was ist da drinnen los?"

„Ich ... ich habe heute in der Früh zum Frühstück blaue Beeren gefuttert", ächzt Bronti. „Und wenn ich blaue Beeren esse, dann beginne ich immer zu wachsen. Ich werde dicker … und dicker … und größer und noch größer …"

„Einmal ist Bronti dabei sogar fast geplatzt! Er war prall wie ein Luftballon!" schwindelt Tina.

Der Super-Saurier würgt, hustet und krächzt wie eine heisere Krähe: „Mein Hals! Das Halsband würgt mich. Ich bekomme keine Luft mehr!"

Nun erschrickt die Zirkusdirektorin. „Keine Luft? Wie schrecklich! Meinem Goldstück darf nichts geschehen!" Sie sperrt die Stalltür auf und rast herein. „Ich werde dich sofort davon befreien", verspricht sie.

„Super!" jubelt Bronti.

„Und dir ein größeres Halsband umlegen!" bremst Brunhilde seine Freude ein.

Sie schließt das dicke Metallband auf, und Bronti zieht den Kopf heraus. Nun geht es um Sekunden. Wo bleibt Tschiko?

Da ist er! Blitzschnell entreißt er der Direktorin das Zeichen ihrer Macht.

ZISCH-KNALL! „Meine Peitsche! Der Affe hat sich angeschlichen und meine Peitsche gestohlen!

Tschiko, gib sie sofort her!“ schreit Frau Peitschenknall entsetzt auf.

Tschiko schüttelt seinen Kopf, und als die Zirkusdirektorin nach der Peitsche greifen will, läßt er sie noch einmal durch die Luft sausen.

ZISCH-KNALL!

„Au weh!“ Brunhilde zieht die Finger zurück. „Das schmerzt ungeheuerlich!“ jammert sie.

Bevor sie noch bemerkt, was geschieht, sind Tina, Bronti und Tschiko aus dem Stall gelaufen. Sie werfen die Tür zu und sperren Brunhilde Peitschenknall ein.

KNACK! KRACH! Der Affe zerbricht die Peitsche und wirft sie weg. Hier im Zirkus Zunder wird sie nicht mehr knallen. Und Frau Peitschenknall darf erst aus dem Stall, wenn sie verspricht, nie wieder ein Tier zu schlagen.

„Danke Tschiko! Danke!“ sagen Tina und Bronti zu ihrem neuen Freund. Sie verabschieden sich und machen sich auf den Heimweg zum Leuchtturm.

Die Suche nach den Superkraft-Karotten

Hab mich nicht mehr lieb

So schnell sie können, laufen Tina und Bronti nach Hause, um dort neue Pläne zu schmieden. Aber als sie zum Leuchtturm zurückkommen, erwartet sie eine böse Überraschung.

Bibi lehnt an der Tür und grinst. „Tagchen Tina!“ grunzt sie.

„Ha … hallo, Bibi!“ stammelt Tina erschrocken.

„Tag Bibibibibibibi!“ stottert Bronti.

„Ich freue mich schon auf dein STOFFtier! Ich werde viel Spaß damit haben“, lacht Bibi böse.

Tina schluckt fest. Die Tränen stehen in ihren Augen und werden gleich über die Wangen rollen. „Aber … aber, ich will Bronti nicht hergeben. Auch nicht, wenn ich verliere.“

Bibi läßt das völlig kalt. „Dann werden dich in der Schule alle ‚Faules Ei‘ nennen“, droht sie Tina an.

„Aber … aber Bronti ist mein bester Freund. Der Abschied …, der wäre ganz … ganz schrecklich!“

schluchzt Tina. Bibi kann darüber nur schallend lachen.

„Bronti, nun mußt du etwas machen, damit Tina nicht weint, falls sie dich hergeben muß. Ich werde ... ich werde ihr sagen, was ich alles angestellt habe. Dann mag sie mich nicht mehr und gibt mich gerne her!" beschließt der kleine Saurier.

„Du, Tina", sagt er zu seiner Freundin. „Du suchst doch schon so lange dein Radio!"

„Ja, weißt du, wo es ist?" fragt Tina mit weinerlicher Stimme.

„Ich habe geprüft, ob es auch unter Wasser spielt. Im Klo. Aber es ist ein Mist und nicht wirklich dicht", erzählt Bronti. Tina schimpft nicht und wird auch nicht wütend.

„Ich habe die Steine in die Kaffeemühle gegeben", gesteht Bronti. „Ich war es auch, der die Tinte in die Waschmaschine geleert hat. Ich habe den Knallfrosch ins Aquarium geworfen. Ich habe den Kaktus rot angestrichen. Das war alles der böse Bronti. Bestimmt sagst du jetzt: verschwinde! Hau ab! Nicht wahr?"

Doch Tina meint. „Bronti, das ist alles halb so schlimm. Ich habe dich sehr, sehr lieb und will dich nie hergeben! Ganz egal, was du auch anstellst.“

Bibi lacht noch einmal spöttisch auf und schlendert dann fort. „Schon bald gehörst du mir, du grüne Kröte!“ ruft sie über die Schulter zurück.

Bronti drückt sich fest an Tina. Doch beide wissen, daß es keine Hoffnung gibt.

Wo ist Onkel Goro?

Zwei kleine Häufchen Elend kauern vor dem Leuchtturm Wirbelwind auf einem Stein.

„Guten Morgen! PIP … PIP!“ meldet sich da plötzlich eine laute Stimme hinter ihnen.

Tina und Bronti drehen sich um und rufen erstaunt: „Flatterox!“

„PIP … PUP … Ich habe es mir überlegt!“ verkündet der Flugsaurier, gähnt und streckt sich.

„Was hast du dir überlegt?“ will Tina wissen.

„Ich bin ein jämmerlicher, flügellahmer, hohlkopfdummer Absturz-Saurier, wenn ich schmolle und meiner besten Freundin nicht helfe!“ sagt Flatterox kleinlaut.

Tinas Augen beginnen zu strahlen: „Heißt das, du fliegst mit uns los und hilfst uns die Super-Kraft-Karotten suchen?“

„Genau das mache ich! PIP … PIP!“ verkündet der Flugsaurier.

Bronti läuft zu ihm und schüttelt ihm dankbar den Flügel. „Flatterox, entschuldige, ich wollte nie böse zu dir sein. Du bist ein urzeit-irrer, brontobastisch, dinotastisch, mammutmäßig, wahnwitz-wunderbarer Super-Looping-Schnell-Hoch-und-Tiefflug-Saurier!“

Hastig steigen der kleine Saurier und Tina auf den Rücken von Flatterox. Der Flugsaurier breitet die mächtigen Schwingen aus, wartet auf eine kräftige Windböe, schlägt mit den Flügeln und erhebt sich in die Luft.

„Wohin soll ich fliegen?“ erkundigt sich Flatterox bei seinen Fluggästen.

Tina überlegt kurz und meint dann: „Immer geradeaus. Mehr fällt mir im Augenblick nicht ein!“

„HE!“ ruft Bronti.

„Was ist ‚he‘?“ will Tina wissen.

„Soeben ist schon wieder eine brontobastische Idee durch meinen Kopf gezuckt! Ich weiß, wer uns sagen kann, wo die Super-Kraft-Karotten wachsen“, jubelt der kleine Saurier. „Mein Saurier-Onkel Goro Geistesblitz! Tina, erinnerst du dich nicht? Wir sind doch mit Flatterox schon einmal ins Land der Dinosaurier gesaust."

Tina erinnert sich genau: „Flatterox muß einen Sturzflug machen und seinen Spezial-Schrei ausstoßen. Da knallt und kracht es, und mit ein bißchen Glück sind wir dann in der Saurierzeit!"

„Versuchen wir's?" ruft Bronti in das Hörloch von Flatterox.

„Natürlich", krächzt der Flugsaurier. „Festhalten!" Flatterox klappt die Flügel an und rast auf die Erde zu. Der Wind pfeift und saust in Tinas Ohren, und sie bekommt große Angst. Hoffentlich krachen sie nicht auf den Boden!

Aber da geschieht es: Der Flugsaurier schreit laut und schrill. KNALL! Es kracht und knallt, und bunte Kugeln wirbeln um Tina und Bronti.

Nachdem sie verschwunden sind, schaukelt Flatterox wieder ruhig durch die Luft.

Das Mädchen wirft einen Blick nach unten und jubelt: „Es hat geklappt! Die Häuser, die Autos, die Stadt ... alles verschwunden."

„Unter uns brodelt das Gelbe Blubbermeer. Und dort drüben ist der Farnwedel-Wald!“ ruft Bronti aufgeregt. „Onkel Goro wohnt genau am Rand des Farnwedel-Waldes. Flatterox, bitte lande bei dem großen, blauen Felsen.“

Nachdem der Flugsaurier aufgesetzt hat, sehen sich die drei Freunde suchend um. Von Onkel Goro ist nichts zu entdecken.

Das ist wohl ein Witz?

„Onkel Goro!“ ruft Bronti. „Wo steckst du?“

Kaum hat er das gefragt, beginnt der Boden unter seinen Pfoten zu rucken, zu wackeln und zu zittern.

Tina rudert mit den Armen wild durch die Luft und verliert fast das Gleichgewicht. „Ein Erdbeben!“ schreit sie entsetzt.

„Onkel Goro!“ japst Bronti. „Das ist Onkel Goro!“

„Das ist nicht Onkel Goro, sondern ein Erdbeben!“ brüllt das Mädchen verzweifelt. „Flatterox, bring uns schnell fort!“

Doch der Flugsaurier bleibt stocksteif stehen. „Tina, hebe einmal deinen Kopf!“ meint er kichernd.

Tina tut es, und vor Staunen bleibt ihr der Mund offen. „Oh ... das ... das gibt es doch gar nicht!“

Der blaue Felsen ist kein Felsen, sondern Onkel Goro höchstpersönlich. Er hat ein Schläfchen gehalten und richtet sich nun zu seiner vollen Größe auf.

„Onkel Goro ist mindestens so hoch wie ein Kirchturm“, überlegt Tina. Doch er sieht ganz und gar nicht gefährlich aus. Onkel Goro hat nicht einen, sondern mehrere Bärte, und auf dem Kopf eine lange, zackige Geistesblitz-Zacke.

„Hallo, Neffe Bronti!“ begrüßt er den kleinen Super-Saurier, und bei jedem seiner Worte kommt ein kleiner Wirbelsturm aus seinem Maul.

„Bronti, ist das schön, daß du mich besuchen kommst! Aber was hast du da für ein Saurier-Würmchen mitgebracht?“ erkundigt sich der Onkel.

„Das ist meine Freundin Tina. Sie braucht dringend die Super-Kraft-Karotten, damit sie Super-Kraft-Karotten-Saft machen kann“, erklärt Bronti. „Onkel Goro, wo wächst das Wunder-Gemüse?“

Der mächtige Saurier wackelt mit der Geistesblitz-Zacke und spricht dann mit donnernder Stimme: „Du findest sie hinter den spitzen Stachelbergen. Doch muß sich deine Freundin allein auf die Suche machen, sonst verlieren sie die Super-Kraft!“

Tina läßt sich den Weg zu den spitzen Stachelbergen erklären und rennt los. Wie immer, beginnt sie schon nach wenigen Schritten zu schnaufen und zu keuchen. Deshalb trabt sie nun im langsamen Dauerlauf dahin.

Die Sonne geht schon unter, als sie endlich die spitzen Stachelberge erreicht. Wie lange Nadeln ragen sie in den Himmel.

Tina läuft Slalom zwischen den Bergen. Sie sucht und sucht, aber sie findet nur jodelnde Tulpen. Von Super-Kraft-Karotten keine Spur.

Also macht sie sich auf den Rückweg.

Müde und völlig erschöpft kommt sie bei Onkel Goro an. „Onkel Goro Geistesblitz, das ist wohl ein Witz!“ keucht sie.

Der Riesensaurier kratzt sich verlegen seine Bärte und brummt: „Ich habe das verwechselt. Die Super-Kraft-Karotten wachsen auf der Spinnen-Insel im Gelben Blubbermeer.“

„Ich kann aber erst morgen zur Spinnen-Insel wandern“, erklärt Tina. Für heute ist es zu spät. Sie muß zurück in die Menschenzeit und in die Schule.

Auf der Spinnen-Insel

Am nächsten Tag sausen Tina, Bronti und Flatterox abermals in das Land der Dinosaurier. Der Flugsaurier setzt das Mädchen am Strand des Gelben Blubbermeers ab. Von dort führt eine lange Sandbank direkt zur Spinnen-Insel. Tina stapft mit großen Schritten los. Über zwei Stunden muß sie marschieren, bis sie endlich die Insel erreicht.

Hier wuchern riesige, rote Büsche mit winzigen, weißen Beeren. In der Mitte steht ein seltsamer, kahler, schwarzer Baum, dessen Zweige bis zum Boden reichen. Doch von Super-Kraft-Karotten keine Spur.

Seufzend setzt sich Tina schließlich nieder, um ein wenig auszuruhen. Dabei überlegt sie: „Wieso heißt die Insel eigentlich Spinnen-Insel?“ Ein leises Knistern und Knacken hinter ihr läßt sie aufspringen und umdrehen.

Tina bekommt große Augen. Der kahle, schwarze Baum ist gar kein Baum, sondern eine Riesen-Spinne. Mit torkelnden Schritten taumelt sie in Richtung Tina und klappt zwei große Fang-Zangen aus ihrem Maul aus.

Tina hastet zu der Sandbank und bekommt dort gleich den nächsten Schreck: Das Wasser steigt, und die Sandbank ist schon viel schmäler als zuvor.

So schnell sie ihre Beine nur tragen, rennt Tina los. Sie läuft und läuft und läuft. Hinter ihr stelzt die Spinne, und links und rechts von ihr tauchen kleine Schwimm-Saurier mit spitzen Zähnen aus den Wellen. Sie darf deshalb keine Sekunde stehenbleiben und verschnaufen.

Endlich, endlich erreicht sie den Strand, wo Flatterox und Bronti auf sie warten. Zu ihrer großen Überraschung keucht sie diesmal aber schon viel weniger.

„Onkel Goro Geistesblitz, das ist wohl ein Witz?" schimpft sie später, als die drei Freunde vor dem blauen Saurier stehen.

„Äh … tut mir leid … Ich habe wieder etwas verwechselt“, entschuldigt sich der verwirrte Onkel. „Die Super-Kraft-Karotten wachsen nämlich ganz in der Nähe. Besser gesagt, genau neben mir!“

Mit seiner Pfote, die so groß wie ein kleines Auto ist, deutet Onkel Goro auf lange, grüne Blätter. Sie ragen aus der Erde und sehen ein wenig welk aus.

„Morgen ziehe ich die Karotten aus der Erde“, beschließt Tina. Für heute ist es schon wieder zu spät.

Doch als das Mädchen am nächsten Tag zieht und zerrt, erlebt es eine neue Überraschung!

Fang die Karotte

Kaum ist die rosarote Karotte aus der Erde, beginnt sie wie ein Hase davonzuspringen. Sie hoppelt los, schlägt Haken und läßt sich nicht einfangen.

Tina rennt, stolpert, hastet, eilt, düst, saust und jagt ihr nach. Eine ganze Woche lang fliegt sie jeden Tag mit Flatterox in die Saurierzeit, um die Super-Kraft-Karotte zu fangen. Und erst am siebenten Tag hat sie Glück und erwischt sie.

Tina strahlt vor Stolz, als sie die dicke, rosarote Karotte endlich in der Hand hält.

„Nun mußt du sie auspressen und den Saft langsam trinken“, belehrt sie Onkel Goro Geistesblitz. „Dann sage folgenden Spruch:

Super-Kraft-Karotten-Saft,
gib mir urzeitirre Kraft!
Ich werd’ rennen,
ich werd’ fliegen,

und am Ende werd' ich siegen.
Ich bin sicher, daß ich's schaff,
mit dem Super-Kraft-Karotten-Saft!"

Tina bedankt sich, und es geht ab nach Hause.

Lächelnd blickt ihr der blaue Saurier-Onkel nach. Er krault sich selbst am Bart und brummt: „Gut gemacht, Goro! Das Saurier-Würmchen läuft jetzt bestimmt schneller als jeder Langbein-Saurier. Es hat viel geübt, ohne es zu bemerken!"

Bald steht ein großes Glas mit rosarotem Super-Kraft-Karotten-Saft auf dem Küchentisch. Tina nimmt es mit beiden Händen und leert den Inhalt Schluck für Schluck. Laut sagt sie den Spruch auf und wartet dann.

„Spürst du die Super-Kraft schon?" erkundigt sich ihr Saurier-Freund Bronti.

Tina überlegt kurz und meint: „Jajaja, ich fühle mich schon viel kräftiger und mutiger. Bronti, ich werde es schaffen! Ganz bestimmt!" Leise fügt sie hinzu: „Das hoffe ich zumindest!"

Der Wettlauf

Der Wettlauf

Bald darauf ist es soweit. Auf der Hummelwiese hat sich die ganze Klasse versammelt und wartet gespannt auf den Startschuß des Wettlaufs.

Am Start stehen Tina und Bibi und wärmen sich auf.

Viele Schüler halten zu Bibi und schreien im Chor: „Bibi, Bibi, du bist fein, Tina schläft am Start schon ein!“

Doch der Rest der Klasse ist auf Tinas Seite und brüllt sofort: „Tina, Tina, nur die Ruhe, Bibi qualmen schon die Schuhe!“

Während sich Bibi die Schuhe schnürt, zischt sie Tina an: „Du bist ein lahmer Dudelsack!“

„Hühneraugen-Brillen-Schlange!“ bellt Tina zurück.

„Hinkebein!“ spottet Bibi.

„Warzenschwein!“ knurrt Tina.

„Stolperkuh!“ kichert Bibi.

„Gib jetzt Ruh!“ schnauzt Tina.

„Auf die Plätze, fertig, los!“ ruft die Turnlehrerin Frau Muskelschmalz.

Als hätte sie eine wilde Wespe gestochen, rasen die beiden Mädchen los.

Die Bibi-Anhänger gröhlen sofort: „Bibi, Bibi, gib doch Gas, Tina landet gleich im Gras!“

Die Tina-Freunde schreien: „Tina, Tina, mach nicht schlapp, sondern häng die Bibi ab!“

Mit einem Fernglas verfolgt Frau Muskelschmalz den Wettlauf und berichtet wie ein Sport-Reporter, was sich tut: „Bibi führt ein großes Stück ... und Tina liegt jetzt weit zurück! ... Doch nun holt im Dauerlauf, Tina plötzlich wieder auf! ... Bibi stürzt! Sie ist über ein offenes Schuhband gestolpert!“

„Tina lauf! Tina lauf! Tina lauf!“ rufen die Schulkameraden. Doch Tina bleibt neben dem Mädchen stehen und fragt besorgt: „Hast du dir wehgetan?“

„Nein!“ zischt Bibi.

Tina entdeckt, daß sich Bibi das Knie aufgeschlagen hat. Sie zieht ein sauberes Taschentuch aus der Hose

und reicht es ihr. Bibi wirft es in den Schmutz und schreit: „Blöde Stehenbleib-Schnecke, jetzt hast du verloren!“ Sie springt auf und rennt weiter.

Tina folgt ihr auf den Fersen. Die Kinder im Ziel halten den Atem an.

Schon sind die beiden Mädchen da und springen über die Ziellinie.

„Unentschieden!“ verkündet Frau Muskelschmalz. „Tina und Bibi sind gleichzeitig ins Ziel gekommen!“

Bibi wirft die Arme in die Luft und jubelt: „Hurra! Ich habe gewonnen!“

„Du spinnst ja!“ fährt sie Tina an. „ICH habe gesiegt.“

„Dann haben wir eben beide gewonnen,“ sagt Bibi, und ihre Stimme klingt eiskalt!

„Ich sage nie wieder Fett-Schwabbi zu dir – wie versprochen. Und du gibst mir dein grünes ‚Stoff-tier‘!“

„Nein, bitte, bitte nicht!“ fleht sie Tina an. Doch Bibi bleibt hart. „Heute abend punkt acht Uhr hole ich das Tier ab!“

Auf Nimmer-Wiedersehen?

Bibi ist auf die Minute pünktlich.

Schlag acht klingelt es an der Tür des Leuchtturms. Im Schneckentempo schleicht Tina die Treppe nach unten und öffnet.

„Her damit!“ schreit Bibi das Mädchen an. „Wo ist das Vieh?“

„Hier!“ Ganz langsam tappt Bronti hinter seiner Freundin hervor. Sein kleines Herz schlägt wild und laut.

„Du gehörst mir! Ist das nicht schön?“ kreischt Bibi und zerrt ihn an sich. Sie preßt den Saurier gegen ihren Bauch und bemerkt nicht, daß Bronti stocksteif dasteht.

„Nein, nein, das ist nicht schön!“ schluchzt er plötzlich. Der Saurier weint, und dicke Tränen tropfen aus seinen Augen!

Bibi hat noch immer kein Mitleid: „Hör mit diesem Theater auf“, schnauzt sie ihn an.

„Bibi, Bronti ist kein Stofftier. Du weißt genau, daß er ein echtes Tier ist. Und er hat auch ein Herz, genau wie ich ... und vielleicht auch DU!“

„Ich will bei meiner Tina bleiben! Ich habe sie doch lieb!“ wimmert Bronti und schlingt seine grünen Arme um Tinas Knie.

„Bibi ..., verstehst du, was das heißt, jemanden lieb zuhaben?“ fragt Tina das Mädchen. Bibi wird sehr verlegen und stottert: „Naja ... ich ... ich ... ich ... Ach, behalte doch die dumme Kröte. Ich will sie ohnehin nicht!“ ruft sie trotzig und läuft davon.

„Bibi, du bist steinzeit-spitze! Du bist mammutmäßig nett!“ jubelt Tina.

„Du bist der freundlichste Hohlkopf-Saurier, den ich kenne!“ schreit ihr Bronti nach. Da bleibt Bibi stehen und dreht den Kopf zu den beiden Freunden. Tina und Bronti sehen, daß sie rote Augen hat. Entweder ist Bibi sehr wütend oder sehr traurig.

„Bist du ein Sauer-Saurier? Wieso machst du jetzt ein Gesicht, als würdest du saure Beeren lutschen?“ will Bronti wissen.

„Weil … weil … weil ich ganz allein bin. Ich habe keine richtigen Freunde. Ich habe niemanden, der mich wirklich liebhat!“ weint Bibi.

„Bibi, wollen wir beide nicht Freundinnen sein? Das wäre doch viel schöner!“ schlägt Tina vor.

„Naja … eigentlich … ja gerne!“ sagt Bibi, und zum ersten Mal lächelt sie. Sie strahlt vor Freude.

„Jetzt gefällst du mir besser“, sagt Bronti. „Jetzt siehst du aus wie ein Honigmond-Saurier!“

Da muß Bibi lachen. Und Tina lacht mit, und weil er ein absoluter Kicher-Saurier ist, lacht Bronti auch. Und vor lauter Glück, daß alles gut ausgegangen ist, holt er tief Luft und ruft: